Deus o ama do jeito que você é,
mas ele se recusa a deixá-lo desse jeito.
Ele quer que você tenha...

Um coração igual ao de Jesus

MAX LUCADO
Autor com mais de 130 milhões de livros vendidos

UM CORAÇÃO IGUAL AO DE JESUS

LIÇÕES E EXEMPLOS DO FILHO DE DEUS

PARA UMA VIDA MAIS FELIZ

2ª edição

Traduzido por

ÉRIKA ESSINGER

THOMAS NELSON
BRASIL®
Rio de Janeiro, 2025

Título original
A heart like Jesus

As citações bíblicas são da *Nova Versão Internacional* (NVI), da Bíblica, Inc., a menos que seja especificada outra versão da Bíblia Sagrada.

As posições doutrinárias e teológicas desta obra são de responsabilidade de seus autores e colaboradores diretos, não refletindo necessariamente a posição da Thomas Nelson Brasil, da HarperCollins Christian Publishing ou de sua equipe editorial.

Publisher	Omar de Souza
Editores	Aldo Menezes e Samuel Coto
Produção editorial	Thalita Aragão Ramalho
Copidesque	Fernanda Mello
Revisão	Margarida Seltmann
	Thadeu Rabelo
Capa	Douglas Lucas
Projeto gráfico e diagramação	Carmen Beatriz

CIP-BRASIL. CATALOGAÇÃO NA FONTE
SINDICATO NACIONAL DOS EDITORES DE LIVROS, RJ

L965c Lucado, Max, 1955-
Um coração igual ao de Jesus: Lições e exemplos do Filho de Deus para uma vida mais feliz / Max Lucado; [tradução Érika Essinger]. 2ª edição - Rio de Janeiro: Thomas Nelson Brasil, 2016.

Tradução de: A heart like Jesus
ISBN 978.85.7860.793-7

1. Vida cristã. I. Título.

11-2230. CDD: 248.4
CDU: 27-584

Thomas Nelson Brasil é uma marca licenciada à Vida Melhor Editora LTDA.

Rua da Quitanda, 86, sala 601A – Centro – 20091-005
Rio de Janeiro – RJ – Brasil
Tel.: (21) 3175-1030
www.thomasnelson.com.br

Para Dennis e Patty McDonald...
Agradeço a Deus por suas poderosas
orações e seus conselhos carinhosos.

Sumário

Um

Um coração igual ao de Jesus

E SE, POR UM DIA, JESUS SE TRANSFORMASSE EM você? E se, por 24 horas, Jesus acordasse em sua cama, andasse com seus sapatos, vivesse em sua casa, assumisse sua agenda? E se seu chefe se tornasse chefe dele, sua mãe se tornasse a mãe dele, suas dores se tornassem as dores dele? Com uma exceção, nada em sua vida mudaria. Sua saúde não mudaria. Suas condições não mudariam. Sua agenda não seria alterada. Seus problemas não seriam resolvidos. Apenas uma mudança ocorreria.

E se por um dia e uma noite, Jesus vivesse a sua vida com o coração dele? O seu coração teria um dia de folga, e a sua vida seria levada pelo coração de Jesus. As prioridades dele comandariam suas ações. As paixões dele guiariam suas decisões. O amor dele dirigiria o seu comportamento.

Como isto seria? As pessoas notariam uma mudança? A sua família — eles veriam algo diferente? Seus colegas de trabalho — sentiriam uma diferença? E os desafortunados, você os trataria da mesma forma? E seus amigos, eles notariam mais alegria? E seus inimigos, receberiam mais misericórdia do coração de Cristo do que do seu?

E você? Como se sentiria? Quais alterações este transplante causaria em seu nível de estresse? Em suas mudanças de humor? Em seu temperamento? Você dormiria melhor? Você veria o pôr do sol de forma diferente? E a morte? E os fardos? Haveria alguma chance de você precisar de menos aspirina ou sedativos? E a sua reação com relação aos engarrafamentos? (Ai, esta atingiu um nervo.) Você continuaria temendo o que você teme? Melhor ainda, você continuaria fazendo o que está fazendo?

Você ainda faria o que se planejou para fazer nas próximas 24 horas? Pare e pense sobre seus horários. Obrigações. Compromissos. Saídas. Reuniões. Com Jesus assumindo o seu coração, algo mudaria?

Continue trabalhando nisso por um momento. Ajuste as lentes de sua imaginação até que você tenha a imagem vívida de Jesus guiando a sua vida e, então, neste momento, pressione o botão da câmera e fotografe a imagem. O que você vê é o que Deus quer. Ele quer que você "pense e aja como Jesus Cristo" (Filipenses 2:5).

O plano de Deus para você não é nada menos do que um novo coração. Se você fosse um carro, Deus iria querer controlar o seu motor. Se fosse um computador, Deus reivindicaria o software e o disco rígido. Se você fosse um avião, Deus tomaria o lugar dele na cabine. Mas você é uma pessoa, então Deus quer mudar o seu coração.

"Vocês foram ensinados [...] a serem renovados no modo de pensar e a revestir-se do novo homem, criado para ser semelhante a Deus em justiça e em santidade provenientes da verdade" (Efésios 4:22-24).

Deus quer que você seja simplesmente igual a Jesus. Ele quer que você tenha um coração igual ao dele.

Arriscarei algo aqui. É perigoso unir grandes verdades em uma declaração, mas tentarei. Se uma ou duas frases pudessem capturar a vontade de Deus para cada um de nós, possivelmente leríamos algo assim:

Deus o ama do jeito que você é, mas ele se recusa a deixá-lo desse jeito. Ele quer que você seja como Jesus.

Deus o ama do jeito que você é. Se você acha que o amor dele seria mais forte se a sua fé fosse mais forte, você está errado. Se você acha que o amor dele seria mais profundo se seus pensamentos fossem mais profundos, está novamente errado. Não confunda o amor de Deus com o amor das pessoas. O amor das pessoas aumenta com base no desempenho e diminui com base nos erros. Não é assim com o amor de Deus. Ele ama você exatamente do jeito que você é. Citando o autor preferido da minha esposa:

> *O amor de Deus nunca cessa. Nunca. Embora o desdenhemos. E o ignoremos. E o rejeitemos. E o desprezemos. E o desobedeçamos. Ele não irá mudar. O nosso mal não poderá diminuí-lo. Nossa bondade não poderá aumentá-lo. A nossa fé não o merece mais do que a nossa estupidez o coloca em xeque. Deus não nos ama menos se nós falharmos ou mais se tivermos sucesso. O amor de Deus nunca cessa.*[1]

Deus o ama do jeito que você é, mas se recusa a deixá-lo desse jeito.

De onde tiramos a ideia de que não podemos mudar? De onde vêm afirmações como: "É da minha natureza me preocupar", ou: "Sempre serei pessimista. Eu sou assim", ou: "Eu tenho um temperamento difícil. Não consigo mudar a forma como eu reajo"? Quem disse? Faríamos afirmações similares a respeito de nossos corpos? "É de minha natureza ter uma perna quebrada. Não posso fazer nada a respeito disto". É claro que não. Se o nosso corpo tem algo de errado, procuramos por ajuda. Não deveríamos fazer o mesmo com o nosso coração? Não deveríamos buscar auxílio para nossas atitudes amargas? Não deveríamos pedir tratamento para nossos ímpetos egoístas? É claro que podemos. Jesus pode mudar nosso coração. Ele quer que tenhamos um coração igual ao dele.

Você consegue imaginar uma oferta melhor?

O coração de Cristo

O coração de Jesus era puro. O Salvador era adorado por milhares, mas se contentava em viver uma vida simples. Ele recebia o cuidado das mulheres (Lucas 8:1-3), ainda assim nunca foi acusado de cometer atos imorais; foi desprezado por aqueles a quem criou, mas disposto a perdoá-los antes mesmo de pedirem perdão. Pedro, que viajou com Jesus por três anos e meio, o descreveu como "um cordeiro sem mancha e sem defeito" (1Pedro 1:19). Depois de passar o mesmo tempo ao lado de Jesus, João concluiu, "e nele não há pecado" (1João 3:5).

O coração de Jesus era pacífico. Os discípulos se inquietavam com a necessidade de alimentar milhares, mas Jesus não. Ele agradecia a Deus pelo problema. Os discípulos berravam de medo na tempestade, mas Jesus não. Ele dormiu enquanto ela durou. Pedro desembainhou a espada para lutar contra os soldados, mas não Jesus. Ele levantou a mão para curar. Seu coração estava em paz. Quando seus discípulos o abandonaram, ele ficou amuado e foi para casa? Quando Pedro o renegou, Jesus perdeu a calma? Quando os soldados cuspiram em sua face, ele cuspiu fogo na deles? Muito pelo contrário. Ele estava em paz. Ele os perdoou. Ele se recusou a ser guiado pela vingança.

Ele também se recusou a ser guiado por qualquer outra coisa além de seu chamado. O coração dele estava decidido. Muitas vidas miram em nada em particular e conquistam isso. Jesus mirou em um objetivo — salvar a humanidade de seu pecado. Ele poderia resumir sua vida em uma frase: "Pois o Filho do homem veio buscar e salvar o que estava perdido" (Lucas 19:10). Jesus estava tão focado em sua tarefa que ele sabia quando dizer: "A minha hora ainda não chegou" (João 2:4), e quando dizer: "Está consumado!" (João 19:30). Mas ele não estava tão focado em seu objetivo a ponto de ser desagradável.

Muito pelo contrário. Como seus pensamentos eram agradáveis! As crianças não conseguiam resistir a Jesus. Ele podia encontrar beleza nos lírios, regozijo na adoração e possibilidades nos problemas. Podia passar dias em meio a multidões de pessoas doentes e ainda assim sentir pesar por elas. Ele passou mais de três décadas se embrenhando na sujeira e na lama de nossos pecados, ainda assim viu beleza suficiente em nós para morrer pelos nossos erros.

Mas a característica da coroação de Jesus foi esta: seu coração era espiritual. Seus pensamentos refletiam o relacionamento íntimo com o Pai. "Estou no Pai e que o Pai está em mim", ele afirmou (João 14:11). O primeiro sermão dele de que se tem registro começa com as seguintes palavras: "O Espírito do Senhor está sobre mim" (Lucas 4:18). Ele foi "levado pelo Espírito" (Mateus 4:1) e "cheio do Espírito Santo" (Lucas 4:1). Ele voltou do deserto "no poder do Espírito" (Lucas 4:14).

Jesus recebeu as instruções de Deus. Tinha o hábito de adorar (Lucas 4:16). Era sua prática para internalizar as Escrituras (Lucas 4:4). Lucas diz que Jesus "retirava-se para lugares solitários, e orava." (Lucas 5:16). Seus momentos de oração o guiavam. Uma vez ele retornou de uma oração e anunciou que havia chegado o momento de se mudarem para outra cidade (Marcos 1:38). Outro momento de oração resultou na escolha dos discípulos (Lucas 6:12,13). Jesus era guiado por uma mão invisível. "O que o Pai faz o Filho também faz" (João 5:19). No mesmo capítulo, ele afirma: "Por mim mesmo, nada posso fazer; eu julgo apenas conforme ouço" (João 5:30).

O coração de Jesus era espiritual.

O coração da humanidade

Nosso coração parece tão distante do dele. Ele é puro, nós somos gananciosos. Ele é pacífico, nós somos problemáticos. Ele é decidido, nós somos distraídos. Ele é agradável, nós somos mal-humorados. Ele é espiritual, nós somos mundanos. A distância entre o nosso coração e o dele parece tão imensa. Como poderemos nutrir esperanças de ter um coração igual ao de Jesus?

Está preparado para uma surpresa? Você já tem. Você já tem o coração de Cristo. Por que você está me olhando desta forma? Eu brincaria com você? Se você está em Cristo, você já tem o coração de Cristo. Uma das supremas, mas não realizadas, promessas de Cristo é simplesmente: Se você deu a sua vida para Jesus, ele se deu para você. Ele fez do seu coração a casa dele. Seria difícil falar isto de forma mais sucinta do que Paulo: "Cristo vive em mim" (Gálatas 2:20).

Correndo o risco de me repetir, deixe que eu me repita. Se você deu a sua vida para Jesus, ele se deu para você. Ele se mudou e desfez as malas e está pronto para mudar você "e todos nós, que com a face descoberta contemplamos a glória do Senhor, segundo a sua imagem estamos sendo transformados com glória cada vez maior, a qual vem do Senhor, que é o Espírito" (2Coríntios 3:18). Paulo explica com estas palavras: "Quem conheceu a mente do Senhor para que possa instruí-lo?" Nós, porém, temos a mente de Cristo" (1Coríntios 2:16).

Estranho é o mundo! Se tenho a mente de Jesus, por que continuo pensando tanto como eu mesmo? Se tenho o coração de Cristo, por que ainda tenho os impedimentos de Max? Se Jesus reside em mim, por que ainda odeio os engarrafamentos?

Parte da resposta é ilustrada na história sobre uma moça que tinha uma casinha no litoral da Irlanda na virada do século. Ela era muito rica, mas era também muito parcimoniosa. As pessoas ficaram surpresas, então, quando ela decidiu estar entre os primeiros a terem luz elétrica em casa.

Muitas semanas depois da instalação, um leitor de contador apareceu em sua porta. Ele perguntou se a eletricidade estava funcionando bem, e ela assegurou-o de que estava. "Estava pensando se você poderia me explicar uma coisa", ele disse. "Seu medidor mal apresenta algum uso. Você está usando a sua energia?"

"Certamente", ela respondeu. "Todas as noites, quando o sol se põe, ligo minhas luzes por tempo suficiente para que eu possa acender as minhas velas; então eu as apago."[2]

Ela está ligada à energia, mas não a utiliza. Sua casa está conectada, mas não alterada. Não cometemos o mesmo erro? Nós — com nossa alma salva, mas com o coração inalterado — também estamos conectados, mas sem modificações. Confiando em Cristo para a salvação, mas resistindo a uma transformação. Ocasionalmente ligamos o interruptor, mas na maior parte do tempo permanecemos nas sombras.

O que aconteceria se deixássemos a luz acesa? O que aconteceria se não apenas ligássemos o interruptor, mas se vivêssemos na luz? Quais mudanças ocorreriam se vivêssemos com a tarefa de morar na luz de Cristo?

Sem dúvida nenhuma: Deus tem planos ambiciosos para nós. Aquele que salvou a sua alma anseia por refazer o seu coração. Seu plano não é nada mais nada menos do que uma transformação total: "Pois aqueles que de antemão conheceu, também os predestinou para serem conformes à imagem de seu Filho" (Romanos 8:29).

"Não mintam uns aos outros, visto que vocês já se despiram do velho homem com suas práticas e se revestiram do novo, o qual está sendo renovado em conhecimento, à imagem do seu Criador" (Colossenses 3:9,10).

Deus está disposto a nos transformar na imagem do Salvador. Devemos aceitar essa oferta? Aqui vai a minha sugestão. Vamos imaginar o que significa ser como Jesus. Vamos analisar o coração de Cristo. Vamos passar alguns capítulos considerando sua compaixão, refletindo sobre sua intimidade com o Pai, admirando seu foco, ponderando sua resistência. Como ele perdoa? Quando ele ora? O que o fez tão agradável? Por que ele não desistiu? Tenhamos "os olhos fitos em Jesus" (Hebreus 12:2). Talvez, vendo-o, vejamos o que podemos nos tornar.

Suportem-se uns aos outros e perdoem as queixas que tiverem uns contra os outros. Perdoem como o Senhor lhes perdoou.

Colossenses 3:13

Dois

Amando as pessoas às quais você está ligado

Um coração que perdoa

MEU PRIMEIRO ANIMAL DE ESTIMAÇÃO VEIO EM forma de um presente de Natal na infância. Em algum lugar eu tenho uma fotografia de um pug chinês marrom e branco, pequeno o suficiente para caber na mão do meu pai, fofo o suficiente para roubar meu coração aos meus oito anos de idade. Nós a chamamos Liz.

Eu a carregava o dia inteiro. Suas orelhas molengas me fascinavam, e seu nariz chato me intrigava. Eu a levava até mesmo para a cama. Qual o problema de ela cheirar como cachorro? Eu achava que o cheiro era fofo. Qual o problema de ela ganir e choramingar? Eu achava o barulho fofo. Qual o problema de ela fazer as necessidades em meu travesseiro? Não posso dizer que eu achava isto fofo, mas não me importava.

Mamãe e Papai deixaram claro em nosso acordo pré-nupcial que eu cuidaria de Liz, e eu estava feliz em obedecer. Limpava seu pratinho e abria sua lata de comida para filhotes. No momento em que ela terminava com a água, eu reabastecia. Mantinha seu pelo escovado e sua cauda balançando.

No entanto, em poucos dias meus sentimentos haviam mudado um pouco. Liz ainda era a minha cadela, e eu ainda era amigo dela, mas fiquei cansado do seu latido, e ela me parecia faminta com muita frequência. Mais de uma vez meus pais tiveram que lembrar-me: "Cuide dela. Ela é a sua cadela."

Eu não gostava de ouvir estas palavras, "sua cadela". Eu não teria me importado com a frase "sua cadela para brincar", ou "sua cadela quando você a quiser", ou "sua cadela quando ela estiver comportada". Mas estas não eram as palavras dos meus pais. Eles diziam: "Liz é sua cadela." Ponto final. Na saúde e na doença. Na riqueza e na pobreza. No seco e no molhado.

Foi quando me ocorreu: estou preso à Liz. O namoro havia acabado, e a lua de mel havia terminado. Estávamos mutuamente amarrados. Liz passou de uma opção a uma obrigação, de um bichinho de estimação a uma tarefa, de alguém para brincar a alguém para cuidar.

Talvez você consiga se identificar. Existe a chance de você ter conhecimento da claustrofobia que vem com o comprometimento. Só que em vez de ser lembrado: "Ela é sua cadela", lhe dizem, "Ele é seu marido". Ou "Ela é sua esposa". Ou "Ele é seu filho, seu pai, empregado ou chefe ou colega de quarto", ou qualquer outra relação que requeira lealdade para sobreviver.

Alguns decidem fugir: sair do relacionamento e começar novamente em outro lugar, embora sejam frequentemente surpreendidos quando a condição também aparece do outro lado da cerca. Outros lutam. A casa se transforma em zona de combate e o escritório se torna um ringue de boxe, e a tensão se torna forma de vida. No entanto, poucos descobrem outro tratamento: o perdão. Meu manual não tem modelos de como acontece o perdão, mas a Bíblia tem.

O próprio Jesus conhecia o sentimento de estar ligado a alguém. Por três anos ele andou com o mesmo grupo. Geralmente, via a mesma dúzia de rostos sentados à mesa, em volta da fogueira, ininterruptamente. Tomavam os mesmos barcos e andavam pelas mesmas estradas e visitavam as mesmas casas, e eu me pergunto: como Jesus se manteve tão devotado aos seus homens? Ele não apenas tinha que lidar com suas estranhezas visíveis, como também com suas fraquezas invisíveis. Pense sobre isto. Ele podia ouvir seus pensamentos não ditos. Conhecia suas dúvidas pessoais. Não apenas isso, ele sabia quais seriam suas dúvidas futuras. E se você soubesse cada erro que as pessoas que você ama houvessem cometido e cada erro que ainda cometeriam? E se soubesse cada coisa que pensariam sobre você, cada irritação, cada descontentamento, cada traição?

Foi difícil para Jesus amar Pedro, sabendo que um dia Pedro o amaldiçoaria? Foi difícil confiar em Tomé, sabendo que Tomé questionaria a ressurreição de Jesus? Como Jesus resistiu ao impulso de recrutar um novo grupo de seguidores? João queria destruir o inimigo. Pedro cortou fora a orelha de outro. Dias antes da morte de Jesus, os discípulos discutiam sobre qual deles era o melhor! Como ele foi capaz de amar pessoas que eram difíceis de serem amadas?

Poucas situações geram pânico como estar preso a um relacionamento. Por essa razão, acho sábio que comecemos nosso estudo sobre o que significa ter um coração igual ao de Jesus pela ponderação de seu coração de perdão. Como Jesus foi capaz de amar seus discípulos? A resposta é encontrada no décimo terceiro capítulo de João.

Com toalha e bacia

De todos os momentos em que vemos os joelhos dobrados de Jesus, nenhum é tão precioso quanto aquele em que ele se ajoelha diante de seus discípulos e lava os seus pés.

Foi um dia longo, Jerusalém está lotada de convidados pascais, muitos dos quais clamam por uma olhada do Professor. O sol de primavera está quente. As ruas estão secas. E os discípulos estão muito longe de casa. Um esguicho de água seria refrescante.

Os discípulos entram, um por um, e tomam seus lugares ao redor da mesa. Na parede uma toalha está pendurada, e no chão repousa um jarro e uma bacia. Qualquer um dos discípulos poderia se oferecer para o trabalho, mas nenhum o faz.

Depois de alguns momentos, Jesus se levanta e remove sua capa. Ele enrola uma cinta de servo em volta da cintura, pega a bacia, e se ajoelha diante de um de seus discípulos. Ele desamarra uma sandália e gentilmente levanta o pé e o coloca dentro da bacia, cobre-o com água e começa a lavá-lo. Um a um, um pé encardido após o outro, Jesus faz seu trabalho até terminar a fila.

Na época de Jesus, lavar os pés de alguém era uma tarefa reservada não apenas para servos, mas para as castas mais baixas de servos. Todo círculo tem a sua ordem hierárquica, e o círculo dos trabalhadores domésticos não era diferente. Era esperado que o servo da base da pirâmide estivesse de joelhos com a toalha e a bacia.

Você pode ter certeza de que Jesus conhece o futuro destes pés que ele está lavando. Estes 24 pés não passarão o dia seguinte seguindo o mestre, defendendo sua causa. Estes pés correrão por segurança ao reluzir de uma espada romana. Apenas um par de pés não irá abandoná-lo no jardim. Um discípulo não irá desertar em Getsêmani —

Judas não chegará sequer a ir tão longe! Ele abandonará Jesus nesta mesma noite, à mesa.

Procurei por uma tradução da Bíblia onde se lesse: "Jesus lavou os pés de todos os discípulos, exceto os de Judas", mas não consegui encontrar uma. Que momento apaixonado aquele em que Jesus, silenciosamente, ergue os pés de seu traidor e os lava em uma bacia! Dentro de algumas horas os pés de Judas, lavados pela bondade daquele que ele trairá, estarão na corte de Caifás.

Eis o presente que Jesus dá para seus seguidores! Ele sabe o que estes homens estão prestes a fazer. Ele sabe que estão prestes a encenar o ato mais hediondo de suas vidas. Pela manhã eles irão enterrar as cabeças na vergonha e olhar para os pés com repugnância. E, quando fizerem isso, ele quer que eles se lembrem de como ele se ajoelhou diante deles e lavou seus pés. Ele quer que percebam que aqueles pés continuam limpos. "Você não compreende agora o que estou lhe fazendo; mais tarde, porém, entenderá" (João 13:7).

Extraordinário. Ele perdoou o pecado deles antes mesmo que o cometessem. Ofereceu misericórdia antes mesmo que a solicitassem.

Da bacia de sua graça

Ah, eu nunca seria capaz de fazer isso, você contesta. A dor é muito intensa. As feridas são muito numerosas. Basta ver a pessoa que já me retraio. Talvez este seja o seu problema. Talvez você esteja vendo a pessoa errada, ou pelo menos, vendo muito da pessoa errada. Lembre-se, o segredo de ter um coração igual ao de Jesus é "ter os olhos fitos" nele. Tente olhar para longe daquele que o machucou e fixar os olhos naquele que o salvou.

"Pois bem, se eu, sendo Senhor e Mestre de vocês, lavei-lhes os pés, vocês também devem lavar os pés uns dos outros. Eu lhes dei o exemplo, para que vocês façam como lhes fiz" (João 13:14,15)

Jesus lava os nossos pés por duas razões. A primeira é para nos dar misericórdia; a segunda para nos transmitir uma mensagem, e esta mensagem é simplesmente: Jesus oferece graça incondicional; nós temos que oferecer graça incondicional. A misericórdia de Cristo precedeu nossos erros; nossa misericórdia deve preceder os erros dos outros. Aqueles no círculo de Cristo não tinham dúvidas de seu amor; aquele em nosso círculo não deve duvidar do nosso.

O que significa ter um coração assim? Significa ajoelhar como Jesus ajoelhou, tocando as partes encardidas das pessoas com as quais estamos ligados e lavando delas a indelicadeza com delicadeza. Ou como Paulo escreveu: "Sejam bondosos e compassivos uns para com os outros, perdoando-se mutuamente, assim como Deus os perdoou em Cristo" (Efésios 4:32).

"Mas Max", você está dizendo, "Eu não fiz nada errado. Não sou aquele que traiu. Não sou aquele que mentiu. Não sou a parte culpada aqui". Talvez você não seja. Mas Jesus também não era. De todos os homens naquela sala, apenas um era merecedor de ter seus pés lavados. E ele era aquele que lavou os pés. Aquele que merecia ser servido serviu os outros. A genialidade do exemplo de Jesus é que o peso da construção de uma ponte sempre cai em cima do mais forte, e não do mais fraco. Aquele que é inocente é aquele que faz o gesto.

E você sabe o que acontece? Na maioria das vezes, se aquele que está do lado certo se oferece para lavar os pés daquele que está do lado errado, ambos se ajoelham. Não achamos todos que estamos certos? Logo, lavamos os pés uns dos outros.

Por favor, entenda. Relacionamentos não prosperam porque os culpados são punidos, mas porque os inocentes são misericordiosos.

O poder do perdão

Recentemente, compartilhei uma refeição com alguns amigos. Um marido e uma esposa queriam me contar sobre uma crise pela qual estavam passando. Por meio de uma série de eventos, ela ficou sabendo de um ato de infidelidade que ocorrera havia mais de uma década. Ele havia cometido o erro de pensar que seria melhor não contar para ela, então não contou. Mas ela descobriu, e como você pode imaginar, estava profundamente magoada. Seguindo as recomendações de um conselheiro, o casal largou tudo e viajou por vários dias. Uma decisão tinha que ser tomada. Eles se separariam, brigariam, ou perdoariam? Então eles oraram. Eles conversaram. Eles caminharam. Eles refletiram. Neste caso, a esposa estava claramente do lado certo. Ela poderia ter ido embora. Mulheres já fizeram isso com menos motivos. Ou poderia ter ficado e fazer da vida dele um inferno. Outras mulheres fizeram isso. Mas ela escolheu uma resposta diferente.

Na décima noite de viagem, meu amigo encontrou um cartão sobre o travesseiro. No cartão estava impressa a frase: "Prefiro fazer nada com você a alguma coisa sem você." Embaixo da frase ela havia escrito estas palavras: "Eu te perdoo. Eu te amo. Vamos seguir em frente."

O cartão poderia muito bem ter sido uma bacia. E a caneta poderia ter sido um jarro de água, para fora dela derramou misericórdia pura, e, com ela, a esposa lavou os pés do marido.

Certos conflitos podem ser resolvidos apenas com uma bacia de água. Existe algum relacionamento em seu mundo que está sedento por misericórdia? Existe alguém sentado ao redor de sua mesa que precisa ser assegurado de sua graça? Jesus assegurou que seus discípulos nunca duvidariam de seu amor. Por que você não faz o mesmo?

Sejam praticantes da palavra, e não apenas ouvintes, enganando-se a si mesmos. Aquele que ouve a palavra, mas não a põe em prática, é semelhante a um homem que olha a sua face num espelho e, depois de olhar para si mesmo, sai e logo esquece a sua aparência.

Tiago 1:22-24

Três

Ouvindo a música de Deus

Um coração ouvinte

"Aquele que tem ouvidos, ouça!" Mais de uma vez Jesus disse essas palavras. Oito vezes no Evangelho e oito vezes no livro do Apocalipse somos lembrados que não é suficiente apenas ter ouvidos — é necessário usá-los.[1]

Em uma de suas parábolas, Jesus comparou nossos ouvidos com o solo.[2] Ele comentou sobre um semeador que espalhava sementes (simbologia da Palavra) em quatro tipos de solo diferentes (simbologia para nossos ouvidos). Alguns de nossos ouvidos são como chão batido — não recebem bem as sementes. Outros têm ouvidos como terreno pedregoso — ouvimos a Palavra, mas não permitimos que ela crie raízes. Ainda há outros que têm ouvidos semelhantes a uma erva daninha — crescido demais, muito espinhoso, com muita competição para que a semente tenha alguma chance. E então existem aqueles que têm ouvidos que ouvem: bem cultivados, discriminados e prontos para ouvir a voz de Deus.

Por favor, note que nos quatro casos a semente é a mesma. O semeador é o mesmo. O que é diferente não é a mensagem ou o mensageiro — é o ouvinte. E se a relação na história é significativa, três quartos do mundo não está ouvindo a voz de Deus. Seja por corações duros, vidas superficiais, ou mentes ansiosas, 75% de nós estão perdendo a mensagem.

Não é que não temos ouvidos, é que não os usamos.

"Aquele que tem ouvidos, ouça!" Quanto tempo se passou desde que você checou a sua audição? Quando Deus joga uma semente, qual o resultado? Permita-me levantar uma questão ou duas para testar o quão bem você ouve a voz de Deus?

> Quanto tempo se passou desde que você deixou que Deus o tivesse?

Quero dizer, realmente lhe tem? Quanto tempo se passou desde que você cedeu um período ininterrupto e puro para ouvir a voz dele? Aparentemente Jesus deu. Ele fez um esforço deliberado para passar tempo com Deus.

Passe bastante tempo lendo sobre a vida de ouvinte de Jesus e um padrão distinto surge. Ele passou um tempo regular com Deus, orando e ouvindo. Marcos diz: "De madrugada, quando ainda estava escuro, Jesus levantou-se, saiu de casa e foi para um lugar deserto, onde ficou orando" (Marcos 1:35). Lucas nos diz: "Jesus retirava-se para lugares solitários, e orava" (Lucas 5:16).

Deixe-me perguntar o óbvio: Se Jesus, o Filho de Deus, o Salvador sem pecados da humanidade, achava que valia a pena deixar espaço na sua agenda para orar, não seria sábio fazer o mesmo?

Ele não apenas passava um tempo regular com Deus em oração, passava um tempo regular na Palavra de Deus. É claro que não encontramos Jesus puxando um Novo Testamento com capa de couro de sua sacola e lendo-o. No entanto, vemos o exemplo incrível de Jesus, na agonia da tentação no deserto, usando a Palavra de Deus para lidar com Satã. Ele foi tentado por três vezes, e em cada uma delas repeliu o ataque com a frase: "Está escrito" (Lucas 4:4,8,12), e então ele cita um versículo. Jesus é tão familiarizado com as escrituras que não apenas sabe o versículo, ele sabe como usá-lo.

E então houve a ocasião em que pediram para Jesus ler na sinagoga. Entregam-lhe o livro de Isaías, o profeta. Ele encontra a passagem, lê e declara: "Hoje se cumpriu as Escrituras que vocês acabaram de ouvir" (Lucas 4:21). Dão-nos a imagem de uma pessoa que sabe como utilizar as Escrituras e que consegue reconhecer a sua execução.

Se Jesus achava inteligente se familiarizar com a Bíblia, não deveríamos fazer o mesmo?

Se quisermos ser como Jesus, devemos ter um tempo regular para falar com Deus e ouvir sua Palavra.

Espiritualidade substituída

Espere um minuto. Não faça isso. Sei exatamente o que alguns de vocês estão fazendo. Você está me deixando de lado. O Lucado está falando sobre devocionais diários, não é? Esta é uma boa hora para eu dar uma caminhada mental até minha geladeira e ver o que temos para comer.

Entendo sua relutância. Alguns de nós tentamos ter um momento calmo e não obtivemos sucesso. Outros de nós temos dificuldade em nos concentrar. E todos nós estamos ocupados. Então, em vez de passarmos tempo com Deus, ouvindo a voz dele, deixaremos que outros passem tempo com ele e nos beneficiaremos da experiência deles. Afinal de contas, não é para isso que pagamos pastores? Não é por isso que lemos livros cristãos? Essas pessoas são boas em devocionais diárias. Eu irei aprender com eles.

Se esta é a sua abordagem, suas experiências espirituais acontecem em segunda mão e não diretamente. Ouvir a Deus é uma experiência direta. Quando ele pede pela nossa atenção, Deus não quer que você envie um substituto, ele quer você. Ele o convida para tirar férias em seu esplendor. Ele o convida para que você sinta o toque de sua mão. Ele o convida para um banquete em sua mesa. Ele quer passar tempo com você. E com um pouco de treino, seu tempo com Deus pode ser o ponto alto do seu dia.

Um amigo meu se casou com uma soprano. Ela adora concertos. Seus anos de faculdade foram passados em departamentos de música, e suas memórias mais antigas são de teclados e tablados de corais. Ele, por outro lado, pende mais para o lado do Campeonato Brasileiro e música sertaneja. Ele também ama a esposa, então, em certas ocasiões, vai à ópera. Os dois se sentam lado a lado no mesmo auditório, ouvindo a mesma música, com duas respostas completamente diferentes. Ele dorme e ela chora.

Acredito que a diferença é mais do que gosto. É treino. Ela passou horas aprendendo a apreciar a arte da música. Ele não passou nenhuma. Os ouvidos dela são absolutos. Ele não consegue diferenciar o staccato de um legato. Mas ele está tentando. Da última vez que conversamos sobre os concertos, ele me disse que está tentando manter-se acordado. Talvez nunca tenha o mesmo ouvido da esposa, mas, com o tempo, está aprendendo a ouvir e apreciar a música.

Aprendendo a ouvir

Acredito que também possamos. Equipados com as ferramentas certas, podemos aprender a ouvir a Deus. Quais são estas ferramentas? Aqui estão as que acho úteis.

Uma hora regular e um lugar. Selecione um espaço em sua agenda e um cantinho de seu mundo, e os reivindique para Deus. Para alguns, pode ser melhor pela manhã. "De manhã a minha oração chega à tua presença" (Salmos 88:13). Outros preferem concordar com a oração de Davi "Seja a minha oração [...] como a oferta da tarde" (Salmos 141:2). Outros preferem muitos encontros ao longo do dia. Aparentemente, o autor do Salmo 55 preferia. Ele escreveu: "À tarde, pela manhã e ao meio-dia choro angustiado, e ele ouve a minha voz" (Salmos 55:17).

Alguns se sentam sob uma árvore, outros na cozinha. Talvez o caminho que você faz para o trabalho ou o seu horário de almoço sejam apropriados. Encontre uma hora e um lugar que funcione para você.

Quanto tempo você demoraria? Tanto quanto você precise. Valorize a qualidade em vez do tempo. Seu tempo com Deus deve durar o suficiente para que você diga o que quer e para que Deus diga o que quer. O que nos leva para a segunda ferramenta de que você precisa — uma Bíblia aberta.

Deus fala com você pela Palavra. O primeiro passo ao ler a Bíblia é pedir a Deus que lhe ajude a entendê-la. "Mas o Conselheiro, o Espírito Santo, que o Pai enviará em meu nome, lhes ensinará todas as coisas e lhes fará lembrar tudo o que eu lhes disse" (João 14:26).

Antes de ler a Bíblia, ore. Não vá para as Escrituras procurando pelas suas próprias ideias, vá procurando pelas de Deus. Leia a Bíblia em oração. Também leia a Bíblia com cuidado. Jesus nos disse: "Busquem, e encontrarão" (Mateus 7:7). Deus elogia aquele que "medita dia e noite [a Bíblia]" (Salmos 1:2). A Bíblia não é um jornal para ser visto por alto, mas uma mina para ser explorada. "Se procurar a sabedoria como se procura a prata e buscá-la como quem busca um tesouro escondido, então você entenderá o que é temer o Senhor e achará o conhecimento de Deus" (Provérbios 2:4,5).

Aqui está um exemplo prático. Estude a Bíblia um pouco de cada vez. Deus parece enviar mensagens como ele fez com o seu maná: uma porção diária de cada vez. Ele provê "ordem sobre ordem, ordem sobre ordem, regra e mais regra; um pouco aqui, um pouco ali" (Isaías 28:10). Escolha profundidade no lugar de quantidade. Leia até que um versículo "bata" em você, então pare e medite sobre ele. Copie o versículo em um pedaço de papel, ou escreva em sua agenda, e reflita sobre ele várias vezes.

Na manhã em que escrevi isto, por exemplo, meu momento calmo me encontrou em Mateus 18. Tinha lido apenas quatro versículos do capítulo quando li: "Portanto, quem se faz humilde como esta criança, este é o maior no Reino dos céus". Eu não precisava ir adiante. Copiei as palavras em minha agenda e ponderei sobre elas várias vezes durante o dia. Várias vezes perguntei a Deus: "Como posso ser mais feito uma criança?" Ao final do dia, fui lembrado da minha tendência em me apressar e de minha inclinação para me preocupar.

Aprenderei o que Deus pretende? Se ouvir, irei.

Não se desencoraje se a sua leitura ceifar uma pequena colheita. Em alguns dias, uma porção menor é tudo que precisamos. Uma garotinha voltou de seu primeiro dia na escola. Sua mãe perguntou: "Você aprendeu alguma coisa"? "Acho que não", a garota respondeu. "Eu tenho que voltar amanhã, e no outro dia, e no outro dia..."

Esse é o caso com o aprendizado. E este é o caso com o estudo da Bíblia. A compreensão vem um pouco de cada vez, durante uma vida inteira.

Existe uma terceira ferramenta para ter um momento produtivo com Deus. Não precisamos apenas de um tempo regular e de uma Bíblia aberta, precisamos também de um coração ouvinte. Não se esqueça da exortação em Tiago: "O homem que observa atentamente a lei perfeita, que traz a liberdade, e persevera na prática dessa lei, não esquecendo o que ouviu, mas praticando-o, será feliz naquilo que fizer" (Tiago 1:25).

Sabemos que estamos ouvindo a Deus quando o que lemos na Bíblia corresponde ao que outras pessoas veem em nossa vida. Paulo incitou seus leitores a colocar em prática o que aprenderam com ele. "Ponham em prática tudo o que vocês aprenderam, receberam, ouviram e viram em mim" (Filipenses 4:9).

Se você quer ter um coração igual ao de Jesus, deixe que Deus lhe tenha. Passe tempo ouvindo-o até que receba a sua lição do dia — então a aplique.

Um tempo regular e um lugar.
Uma Bíblia aberta.
Um coração aberto.

E todos nós, que com a face descoberta contemplamos a glória do Senhor, segundo a sua imagem estamos sendo transformados com glória cada vez maior, a qual vem do Senhor, que é o Espírito.

2Coríntios 3:18

Sua face brilhou como o sol.

Mateus 17:2

Quatro

Um rosto transformado e um par de asas

Um coração faminto por adoração

PESSOAS EM UM AVIÃO E AS QUE ESTÃO EM UM BANCO de igreja têm muito em comum. Todas estão em uma jornada. Muitas são bem-comportadas e apresentáveis. Algumas cochilam, outras olham pela janela. Mas a maior parte delas, se não todas, estão satisfeitas com uma experiência previsível. Para muitas, o comentário de um bom voo e o de uma boa reunião de adoração são praticamente os mesmos: "Foi bom", gostamos de dizer. "Foi um bom voo/Foi um bom culto." Saímos da mesma forma que entramos, e ficamos felizes em voltar da próxima vez.

No entanto, poucos não se satisfazem com o bom. Anseiam por algo mais. O garoto que acabou de passar por mim ansiava. Já estava em meu assento quando ele perguntou: "Eles realmente irão me deixar conhecer o piloto"? Ou ele foi afortunado ou sagaz, porque ele fez o pedido assim que entrou no avião. O pedido chegou à cabine, fazendo com que o piloto colocasse a cabeça para fora. "Alguém está procurando por mim?", ele perguntou.

A mão do garoto se ergueu como se ele estivesse respondendo a uma pergunta de sua professora da segunda série. "Eu estou!"

"Bem, entre."

Com o consentimento de sua mãe, o jovem entrou no mundo de controles e medidores de uma cabine e apareceu minutos depois com os olhos arregalados. "Uau!", ele exclamou. "Estou tão feliz de estar neste avião!"

Ninguém mais mostrava tal admiração. Eu deveria saber. Prestei atenção. O interesse do menino me ressentiu, então estudei o rosto dos outros passageiros, mas não encontrei tal entusiasmo. Na maior parte, vi satisfação: viajantes satisfeitos por estarem no avião, satisfeitos por estarem mais perto de seus destinos, satisfeitos por terem saído do aeroporto, satisfeitos por se sentarem e olharem para a frente e falarem pouco.

Existiam poucas exceções. As cinco mulheres de meia-idade, usando chapéus de palha e carregando bolsas de praia, não estavam satisfeitas; estavam exuberantes. Riam durante todo o trajeto do corredor. A minha aposta era que eram mães-libertadas-da-cozinha-e-dos-filhos. O rapaz usando um terno azul do outro lado do corredor não estava satisfeito; estava irritadiço. Ele abriu o notebook e olhou irritado para a tela durante toda a viagem. A maior parte de nós, no entanto, estava mais feliz do que ele e mais contida do que as senhoras. Muitos de nós estávamos satisfeitos. Satisfeitos com um voo previsível e sem eventos. Satisfeitos com um "bom" voo.

E uma vez que foi o que esperávamos, foi o que tivemos. O garoto, por outro lado, queria mais. Queria ver o piloto. Se lhe pedissem para descrever o voo, não diria "bom". Estaria mais inclinado a mostrar as asas de plástico que o piloto lhe deu e dizer: "Eu estive cara a cara com o homem".

Você percebe porque digo que as pessoas em um voo e as pessoas em um banco de igreja têm muito em comum? Entre em uma igreja e observe os rostos. Alguns estão sorridentes, alguns estão irritados, mas, de forma geral, estamos satisfeitos. Satisfeitos por estar lá. Satisfeitos por sentar e olhar para a frente e ir embora quando a missa terminar. Satisfeitos por curtir uma reunião sem surpresas ou turbulências. Satisfeitos com uma "boa" missa. "Procure e você encontrará", Jesus prometeu.[1] E uma vez que uma boa missa é o que procuramos, uma boa missa é o que normalmente encontraremos.

No entanto, alguns procuram por mais. Poucos vêm com o entusiasmo infantil do garoto. E estes vão embora como ele, de olhos arregalados com a maravilha de ter ficado frente a frente com o piloto em pessoa.

Venha perguntando

A mesma coisa aconteceu com Jesus. No dia em que Jesus foi adorar, seu rosto estava transformado.

Você está me dizendo que Jesus foi adorar?

Estou. A Bíblia fala de um dia, quando Jesus tirou um tempo para ficar com amigos na presença de Deus. Vamos ler sobre o dia em que Jesus foi adorar.

Seis dias depois, Jesus tomou consigo Pedro, Tiago e João, irmão de Tiago, e os levou, em particular, a um alto monte. Ali ele foi transfigurado diante deles. Sua face brilhou como o sol, e suas roupas se tornaram brancas como a luz. Naquele mesmo momento apareceram diante deles Moisés e Elias, conversando com Jesus.

Então Pedro disse a Jesus: "Senhor, é bom estarmos aqui. Se quiseres, farei três tendas: uma para ti, uma para Moisés e outra para Elias."

Enquanto ele ainda estava falando, uma nuvem resplandecente os envolveu, e dela saiu uma voz, que dizia: "Este é o meu Filho amado em quem me agrado. Ouçam-no!" (Mateus 17:1-5).

As palavras de Mateus pressupõem uma decisão por parte de Jesus de ficar na presença de Deus. O simples fato de que ele escolheu seus acompanhantes e subiu o monte sugere que essa era uma decisão de última hora. Ele não acordou uma manhã, olhou o calendário, depois para o relógio, e disse: "Opa, hoje é o dia que vamos para o monte". Não, ele tinha preparações a fazer. Ministrar para pessoas foi suspenso para que o ministério para seu coração pudesse acontecer. Uma vez que o seu lugar de adoração escolhido era distante, teve que selecionar o caminho certo e se manter na estrada certa. Quando chegou ao monte, seu coração já estava pronto. Jesus se preparou para adorar.

Deixe-me perguntar-lhe, você faz o mesmo? Você se prepara para adorar? Quais caminhos o levam ao monte? A pergunta pode parecer estranha, mas o meu palpite é que muitos de nós simplesmente acordamos e nos mostramos. Somos infelizmente casuais quando se trata de encontrar com Deus.

Seríamos tão apáticos com, hum…, deixe-me ver, o presidente? Suponha que você ganhe o direito a um café da manhã de domingo no Palácio do Planalto. Como você passaria o seu sábado à noite? Você se prepararia? Você organizaria seus pensamentos? Você pensaria em perguntas e pedidos? É claro que sim. Deveríamos nos preparar melhor para um encontro com o Santo Deus?

Deixe-me incitá-lo a vir adorar preparado para a adoração. Ore antes de vir para que esteja pronto para orar quando chegar. Durma antes de vir para que fique alerta quando chegar. Leia a Palavra antes de vir para que seu coração esteja amaciado quando adorar. Venha faminto. Venha disposto. Venha esperando que Deus fale. Venha perguntando, mesmo quando estiver passando pela porta: "Posso ver o piloto hoje?"

Refletindo sua glória

Quando você o fizer, descobrirá o propósito da adoração — mudar o semblante do adorador. Isto foi exatamente o que aconteceu com Cristo no monte. O semblante de Jesus mudou: "Sua face brilhou como o sol" (Mateus 17:2).

A conexão entre o rosto e a adoração é mais do que apenas coincidência. Nossa face é a parte mais pública de nosso corpo, menos coberta do que qualquer outra parte. Também é a parte mais reconhecível. Não preenchemos anuários escolares com fotos dos pés das pessoas, em vez disso, preenchemos com fotos de rostos. Deus deseja pegar nossas faces, esta parte exposta e memorável de nossos corpos, e usá-las para refletir sua bondade. Paulo escreve: "E todos nós, que com a face descoberta contemplamos a glória do Senhor, segundo a sua imagem estamos sendo transformados com glória cada vez maior, a qual vem do Senhor, que é o Espírito" (2Coríntios 3:18).

Deus nos convida a ver sua face para que possa mudar a nossa. Ele usa a nossa face descoberta para exibir a sua glória. O escultor do Monte Rushmore encarou um desafio menor do que o que Deus encara. Mas nosso Senhor está à altura da tarefa. Ele ama mudar a face de seus filhos. Por seus dedos, rugas de preocupação são apagadas. Sombras de vergonha e dúvida se tornam imagens de graça e confiança. Ele relaxa maxilares apertados e suaviza testas franzidas. Seu toque remove bolsas de exaustão debaixo dos olhos e transforma lágrimas de desespero em lágrimas de paz.

Como? Pela adoração.

Esperaríamos algo mais complicado, mais exigente. Um jejum de quarenta dias ou a memorização do Levítico, talvez. Não. O plano de Deus é mais simples. Ele muda nossa face pela adoração.

O que é exatamente a adoração? Eu gosto da definição do rei Davi. "Proclamem a grandeza do Senhor comigo; juntos exaltemos o seu nome" (Salmos 34:3). A adoração é o ato da proclamação de Deus. Ampliando a nossa visão dele. Entrando na cabine para ver onde ele se senta e observando como ele trabalha. É claro, seu tamanho não muda, mas a nossa percepção dele muda. Conforme nos aproximamos, ele parece maior. Não é disto que precisamos? Uma grande visão de Deus? Nós não temos grandes problemas, grandes preocupações, grandes perguntas? É claro que temos. Portanto, precisamos de uma visão maior de Deus.

A adoração nos oferece isso. Como podemos cantar "Santo Santo Santo" e não ter a nossa visão expandida?

Ou cantar as linhas de "Tudo está bem com a minha alma" [*It Is Well with My Soul*]?

Meu pecado — oh, a bênção desse glorioso pensamento,
Meu pecado — não em parte, mas totalmente,
Está pregado na cruz e eu não o carrego mais,
Louva o Senhor, louva o senhor, oh, minha alma![1]

Podemos cantar essas palavras e não ter o nosso semblante iluminado?

Uma face vibrante e iluminada é o sinal daquele que esteve na presença de Deus. Depois de falar com Deus, Moisés teve que cobrir seu rosto com um véu (Êxodo 34:33-35). Depois de ver os céus, o rosto de Estevão brilhava como o de um anjo (Atos 6:15; 7:55,56).

Deus está no trabalho de mudar o rosto do mundo.

Deixe-me ser bem claro. Esta mudança é seu trabalho, não nosso. A nossa meta não é fazer de nossos rostos radiantes. Nem mesmo Jesus fez isso. Mateus diz: "A aparência de Jesus estava mudada," e não "Jesus mudou sua aparência". Moisés não sabia sequer que seu rosto estava brilhando (Êxodo 34:29). Nossa meta não é evocar uma expressão falsa, congelada. Nossa meta é simplesmente ficar diante de Deus com um coração preparado e disposto e então deixar que Deus faça seu trabalho.

E ele faz. Ele limpa as lágrimas. Ele seca a transpiração. Ele suaviza nossos cenhos franzidos. Ele toca nossas bochechas. Ele muda as nossas faces enquanto adoramos.

Você vai à igreja com um coração faminto por adoração? Nosso Salvador ia.

Posso exortá-lo a ser como Jesus? Prepare o coração para a adoração. Deixe que Deus mude a sua face pela adoração. Demonstre o poder da adoração. Acima de tudo, procure a face do piloto. O garoto o fez. Porque ele procurou o piloto, saiu com uma face mudada e um par de asas. O mesmo pode acontecer com você.

Estejam alerta e vigiem.
O Diabo, o inimigo de vocês, anda ao
redor como leão, rugindo e procurando a
quem possa devorar.
Resistam-lhe, permanecendo
firmes na fé.
1Pedro 5:8,9

Cinco

A estufa da mente

Um coração puro

SUPONHA QUE VOCÊ VENHA ME VISITAR UM DIA E me encontre trabalhando em minha estufa. (Nem a minha casa nem o meu dedo é verde, mas vamos fingir.) Eu explico para você que a estufa foi um presente do meu pai. Ele usava equipamentos de ponta para criar a estrutura ideal para o crescimento. A atmosfera é perfeita. A iluminação exata. A temperatura é ideal para flores e frutas ou qualquer coisa que eu queira, e o que eu quero são flores e frutas.

Eu peço que você se junte a mim enquanto pego algumas sementes para plantar. Você sempre achou que eu era um pouco louco, mas o que faço em seguida acaba com qualquer dúvida. Você me vê entrar em um campo e retirar sementes de erva daninha. Sementes de ervas daninhas, dentes de leão, tragus. Encho uma bolsa com uma variedade de sementes de ervas daninhas e volto para a estufa.

Você não consegue acreditar no que acabou de ver. "Achei que você quisesse uma estufa repleta de flores e frutas."

"Eu quero."

"Então você não acha que deveria plantar sementes de flores e frutas?"

"Você tem ideia de quanto essas sementes custam? Além disso, você tem que dirigir o caminho inteiro até o centro do jardim para pegá-las. Não, obrigado, estou pegando o caminho mais rápido e mais barato."

Você sai resmungando alguma coisa sobre eu ser doido "de pedra".

A estufa do coração

Todos sabem que você colhe o que semeia. Você colhe o que você planta. Ainda assim, estranhamente, o que sabemos quando cultivamos a terra, tendemos a esquecer quando cultivamos nosso coração.

Pense por um momento que seu coração é uma estufa. As similaridades aparecem depressa. Ele também é um presente magnífico do seu Pai. Ele também é perfeitamente adequado para o crescimento. E o seu coração, como uma estufa, tem que ser administrado.

Por um momento, considere que seus pensamentos são sementes. Alguns pensamentos se transformam em flores. Outros se transformam em ervas daninhas. Plante sementes de esperança e desfrute do otimismo. Plantes sementes de dúvida e espere insegurança. "Pois o que o homem semear, isso também colherá" (Gálatas 6:7).

A prova está em todos os lugares que você olhar. Já se perguntou por que algumas pessoas têm a capacidade do teflon de resistir ao negativismo e se mantêm pacientes, otimistas e clementes? Poderia ser porque semearam diligentemente sementes de bondade e agora estão gozando da colheita?

Já imaginou por que outras pessoas têm uma perspectiva tão ácida? Uma atitude tão sombria? Você também teria, se o seu coração fosse uma estufa com ervas daninhas e espinhos.

Se o coração é uma estufa e os nossos pensamentos são sementes, não deveríamos ser cuidadosos com o que semeamos? Não deveríamos ter uma sentinela na porta? Guardar o coração não é uma tarefa estratégica? De acordo com a Bíblia é: "Acima de tudo, guarde o seu coração, pois dele depende toda a sua vida" (Provérbios 4:23). Em outra tradução se lê: "Seja cuidadoso com o que você pensa, porque seus pensamentos dirigem a sua vida."

Que frase verdadeira! Teste o princípio e veja se você concorda.

Dois motoristas estão presos no mesmo engarrafamento. Um deles ferve de raiva, pensando: *Meus horários estão bagunçados*. O outro suspira aliviado: *Boa chance para dar uma acalmada*.

Duas mães encaram a mesma tragédia. Uma está destruída: *Nunca irei superar isto*. A outra está desanimada, mas determinada: *Deus irá me ajudar a sair desta*.

Dois executivos encaram o mesmo sucesso. Um dá tapinhas nas próprias costas e se torna pretensioso. O outro dá o crédito a Deus e fica grato.

Dois maridos cometem o mesmo erro. Um amargamente presume que os limites da graça de Deus foram ultrapassados. O outro gratamente presume que um novo nível da graça de Deus foi descoberta.

"Acima de tudo, guarde o seu coração, pois ele é a fonte da vida."

Para muitos de nós, administrar os pensamentos é, bem, impensável. Pensamos muito sobre gerenciamento de tempo, administração do peso, administração pessoal e até mesmo administração do couro cabeludo. Mas e sobre a administração dos pensamentos? Não deveríamos estar tão preocupados com a administração dos nossos pensamentos quanto estamos com relação a administrar qualquer outra coisa? Jesus estava. Como um soldado treinado no portão de uma cidade, montou guarda sobre a mente. De forma teimosa guardou os portões do coração. A entrada de muitos pensamentos foi negada. Precisa de alguns exemplos?

Que tal a arrogância? Em uma ocasião as pessoas se determinaram a fazer de Jesus o seu rei. Que pensamento atraente. Muitos de nós nos deliciaríamos com a ideia da realeza. Mesmo se recusássemos a coroa, iríamos gostar de considerar o convite. Jesus não. "Sabendo Jesus que pretendiam proclamá-lo rei à força, retirou-se novamente sozinho para o monte" (João 6:15).

Outro exemplo dramático aconteceu em uma conversa entre Jesus e Pedro. Ao ouvir Jesus anunciar sua morte iminente na cruz, o impetuoso apóstolo objetou. "Nunca, Senhor! Isso nunca te acontecerá!" (Mateus 16:22). Aparentemente Pedro estava prestes a questionar a necessidade do Calvário. Mas nunca teve a chance. Cristo bloqueou a porta. Ele despachou tanto o mensageiro quanto o autor da heresia apressando-os: "Para trás de mim, Satanás! Você é uma pedra de tropeço para mim, e não pensa nas coisas de Deus" (Mateus 16:23).

E que tal a vez em que Jesus foi ridicularizado? Você já teve pessoas rindo de você? Jesus também teve. Respondendo ao pedido para curar uma garota doente, ele entrou na casa dela apenas para ouvir que ela estava morta. A resposta dele? "A criança não está morta, mas dormindo." A resposta das pessoas da casa? "Eles riram dele". Assim como todos nós, Jesus teve que enfrentar um momento de humilhação. Mas diferente da maioria de nós, ele se recusou a recebê-lo. Note a sua resposta decisiva: "ele ordenou que todos saíssem" (Marcos 5:39,40). A gozação não era permitida na casa da menina nem na mente de Cristo.

Jesus guardou seu coração. Se ele o fez, não deveríamos fazer o mesmo? Certamente! "Acima de tudo, guarde o seu coração, pois dele depende toda a sua vida" (Provérbios 4:23). Jesus quer que o seu coração seja fértil e frutífero. Ele quer que você tenha um coração igual ao dele. Esta é a meta de Deus para você. Ele quer que você "pense a aja como Cristo Jesus" (Filipenses 2:5). Mas como? A resposta é surpreendentemente simples. Podemos ser transformados se tomarmos uma decisão: eu irei submeter meus pensamentos à autoridade de Jesus.

Para ter um coração puro, devemos submeter todos os pensamentos à autoridade de Cristo. Se estivermos dispostos a fazer isso, ele nos mudará para sermos como ele. Veja como funciona.

Um guarda na porta

Vamos voltar à imagem da estufa. Seu coração é uma estufa fértil, pronta para produzir bons frutos. Sua mente é a porta para seu coração — o lugar estratégico onde você determina quais sementes serão semeadas e quais serão descartadas. O Espírito Santo está pronto para ajudá-lo a administrar e filtrar os pensamentos que tentem entrar. Ele pode ajudá-lo a guardar seu coração.

Ele fica com você na entrada. Um pensamento se aproxima, um pensamento questionável. Você abre a porta e deixa que ele entre? É claro que não. Você destrói "argumentos e toda pretensão que se levanta contra o conhecimento de Deus" (2Coríntios 10:5). Você não deixa a porta sem proteção. Você se mantém equipado com algemas e grilhões, pronto para capturar qualquer pensamento que não sirva para entrar.

Para exemplificar, vamos dizer que um pensamento de tentação vem pelo caminho. Se você é um homem, o pensamento está vestido em vermelho vivo. Se você é mulher, o pensamento é o bonitão que você sempre quis. Ali está o roçar de mãos, a fragrância no ar, e o convite. "Vamos, está tudo bem. Somos adultos."

O que você faz? Bem, se você não está sob a autoridade de Cristo, você abre a porta. Mas se você tem a mente de Cristo, você dá um passo para trás e diz: "Não tão depressa. Você terá que pedir permissão para meu irmão mais velho." Então você dá esse passo diante de Jesus e pergunta: "Sim ou não?"

Em lugar algum ele responderá mais claramente do que em 1Coríntios 6 e 7: "Fujam da imoralidade sexual. [...] Quanto aos assuntos sobre os quais vocês escreveram, é bom que o homem não toque em mulher, mas, por causa da imoralidade, cada um deve ter sua esposa, e cada mulher o seu próprio marido" (1Coríntios 6:18; 7:1,2).

Agora, armado com a opinião de Cristo e a espada do Espírito, o que você faz? Bem, se o tentador não é seu cônjuge, feche a porta. Se o convite for de seu cônjuge, então OBA!

O ponto é: Guarde a porta de seu coração. Submeta seus pensamentos à autoridade de Cristo. Quanto mais seletivos somos em relação a sementes, mais felizes seremos com a colheita.

Cantem ao S*ENHOR um novo cântico;*
cantem ao S*ENHOR, todos os habitantes*
da terra! Cantem ao S*ENHOR, bendigam*
o seu nome; cada dia proclamem a sua
salvação!

Salmos 96:1,2

Alegrem-se [...] porque seus nomes estão
escritos nos céus.

Lucas 10:20

Seis

Quando os céus celebram

Um coração que exulta

MINHA FAMÍLIA ME FEZ ALGO ATENCIOSO NA NOITE passada. Fizeram uma festa em minha homenagem — uma festa surpresa de aniversário. Semana passada eu disse para Denalyn que não planejasse nada a não ser uma agradável noite em família em um restaurante. Ela ouviu apenas a parte do restaurante. Eu não estava esperando que meia dúzia de famílias fossem se juntar a nós.

Na verdade, tentei convencê-la a ficar em casa. "Vamos jantar outra noite", sugeri. Andrea estava doente, Jenna tinha dever de casa, e eu havia passado a tarde assistindo a jogos de futebol e estava com preguiça. Pensei que não teria problemas para convencer as meninas a adiar o jantar. Olha, como fiquei surpreso! Nem cogitaram o assunto. Cada uma das minhas objeções encontrava uma linha de frente unida e uma defesa unânime. Minha família deixou claro — sairíamos para comer.

Não apenas isso, sairíamos no horário. Consenti e fui me aprontar. Mas para o desânimo delas, fui muito lento. Éramos um estudo de contrastes. Minha atitude era *por que correr?* A atitude das minhas filhas era *anda logo!* Eu fazia ã-hãm. Elas faziam *u-hú*. Eu estava satisfeito em ficar. Elas estavam ansiosas para sair. Para ser honesto, eu estava perplexo com a atitude delas. Estavam sendo excepcionalmente imediatistas. Curiosamente empolgadas. Por que tudo isso? Digo, gosto de sair à noite tanto quanto todo mundo, mas Sara ria durante todo o percurso até o restaurante.

Só quando chegamos as atitudes delas fizeram sentido. Um passo porta adentro e entendi o entusiasmo delas. SURPRESA! Não é de admirar que estivessem agindo de forma diferente. Sabiam o que eu não sabia. Elas haviam visto o que eu não vi. Elas já haviam visto a mesa e empilhado os presentes e sentido o cheiro do bolo. Uma vez que elas sabiam sobre a festa, fizeram tudo que era preciso para ter certeza de que eu não a perderia.

Jesus faz o mesmo por nós. Ele sabe sobre A FESTA. Em um dos maiores capítulos da Bíblia, Lucas 15, ele conta três histórias. Cada história fala de algo perdido e algo encontrado. Uma ovelha perdida. Uma moeda perdida. Um filho perdido. E, no final de cada uma, Jesus descreve uma festa, uma celebração. O pastor dá a festa pela ovelha perdida e agora encontrada. A dona de casa dá a festa por causa da moeda perdida e agora encontrada. E o pai dá a festa em honra ao filho perdido e agora encontrado.

Três parábolas, cada uma com uma festa. Três histórias, cada uma com o aparecimento da mesma palavra: *alegre*. Com relação ao pastor que encontrou a ovelha perdida, Jesus diz: "E quando a encontra, coloca-a *alegremente* nos ombros e vai para casa" (Lucas 15:5,6, grifo meu). Quando a dona de casa encontra a sua moeda perdida, ela anuncia: "*Alegrem-se* comigo, pois encontrei minha moeda perdida" (Lucas 15:9, grifo meu). E o pai do filho pródigo explica para o relutante irmão mais velho: "Mas nós tínhamos que celebrar a volta deste seu irmão e *alegrar-nos*, porque ele estava morto e voltou à vida, estava perdido e foi achado" (Lucas 15:32, grifo meu).

O ponto está claro. Jesus fica mais feliz quando o perdido é encontrado. Para ele, nenhum momento se compara com o momento da salvação. Para as minhas filhas, o regozijo começou quando me vesti e no carro e na estrada para a festa. O mesmo acontece no céu. Deixe que um filho consinta em se vestir em justiça e começar a jornada para casa e o céu serve o ponche, amarra os galhardetes e joga o confete. "Há alegria na presença dos anjos de Deus por um pecador que se arrepende" (Lucas 15:10).

Não dividimos este entusiasmo sempre, dividimos? Quando você ouve falar de uma alma salva, você larga tudo e celebra? O seu dia bom se torna melhor ou o seu dia ruim é salvo? Podemos ficar felizes — mas felicíssimos? Nossos peitos queimam de alegria? Sentimos urgência em chamar a banda e cortar o bolo e fazer uma festa? Quando uma alma é salva, o coração de Jesus se torna o céu da noite de *réveillon*, radiante com explosões de alegria.

O mesmo pode ser dito sobre nós? Talvez esta seja uma área em que o nosso coração precise de alguma atenção.

O *magnum opus* de Deus

Por que Jesus e os anjos se alegram por um pecador arrependido? Podem ver algo que não conseguimos? Sabem de algo que não sabemos? Absolutamente. Sabem o que o céu guarda. Já viram a mesa, já ouviram a música e não podem esperar para ver seu rosto quando você chegar. Melhor ainda, não podem esperar para lhe ver. Quando você chegar e entrar na festa, algo maravilhoso acontecerá. Uma transformação final ocorrerá. Você será como Jesus. Beba com vontade de 1João 3:2: "Ainda não se manifestou o que havemos de ser, mas sabemos que, quando ele se manifestar, seremos *semelhantes a ele*" (grifo meu).

De todas as bênçãos dos céus, uma das maiores será você! Você será o *magnum opus* de Deus, a sua obra-prima. Os anjos ficarão sem fôlego. O trabalho de Deus estará completo. Finalmente, você terá um coração igual ao dele.

Você amará com amor perfeito.

Você adorará com um rosto radiante.

Você ouvirá cada palavra que Deus fala.

Seu coração será puro, suas palavras serão como joias, e seus pensamentos serão como tesouros.

Você será como Jesus. Você terá, enfim, um coração como o dele. Imagine o coração de Jesus e você estará imaginando seu próprio coração. Sem culpa, sem medo, entusiasmado e alegre. Adorando incansavelmente. Discernindo sem erros. Da mesma forma que o riacho da montanha é imaculado e interminável, também será o seu coração. Você será como ele.

Ainda há outra razão para a celebração. Parte do entusiasmo vem da nossa chegada. A outra parte vem da nossa libertação. Jesus se regozija por termos ido para o céu, mas ele se regozija igualmente por termos sido salvos do inferno.

Uma frase resume o horror do inferno. "Deus não está lá."

De acordo com Jesus, o inferno só conhece um som, "o choro e ranger de dentes" (Mateus 22:13). Do inferno vem um lamentável, interminável gemer quando os seus habitantes percebem a oportunidade que perderam. O que eles dariam por mais uma chance. Mas a chance está perdida (Hebreus 9:27).

Ter um coração igual ao dele é olhar para os rostos daqueles que foram salvos e alegrar-se! Eles estão apenas a uma sepultura de distância de ser como Jesus. Ter um coração igual ao dele é olhar no rosto dos perdidos e orar. A não ser que eles se voltem, estão a uma cova de distância do tormento.

E então o meu desafio para você é simples. Peça a Deus para ajudá-lo a ter sua visão eterna do mundo. Cada pessoa que você conhece recebeu um convite para o jantar. Quando uma pessoa aceita, celebre! E quando alguém agir de forma apática como eu fiz naquela noite, faça o que minhas filhas fizeram. Provoque-o e apresse-o a se arrumar. Está quase na hora da festa, e você não quer que ele perca.

Corramos com perseverança a corrida
que nos é proposta.

Hebreus 12:1

Sete

Terminando bravamente

Um coração duradouro

EM UMA DE MINHAS PRATELEIRAS HÁ UM LIVRO sobre "abdomens poderosos." A capa mostra um close de um rapaz flexionando a barriga "tanquinho". A barriga tem mais ondulações do que um lago em dia de vento. Inspirado, eu comprei o livro, li a série, e fiz abdominais... por uma semana.

Não muito longe do livro sobre abdomens poderosos se encontra uma série de vídeos sobre leitura dinâmica. Esta compra foi ideia de Denalyn, mas quando eu li o anúncio, eu fiquei igualmente entusiasmado. O curso promete fazer com a minha mente o que o *Abdomens Poderosos* prometeu fazer pela minha barriga — transformá-la em aço. A contracapa do livro promete que, dominando essa série de seis semanas, você se tornará capaz de ler duas vezes mais rápido e reter duas vezes mais. Tudo o que você tem que fazer é ouvir as fitas — o que tenho intenção de fazer... algum dia.

E então tem a minha garrafa de óleos minerais. Um litro de pura saúde. Um gole por dia e eu iria ingerir a minha cota de cálcio, cloro, magnésio, sódio e 66 outros elementos naturais vitais. (Há até um traço de ferro, o que é bom uma vez que perdi a minha chance nos abdomens de ferro e a minha armadilha de ferro mental.) O entusiasta que me vendeu os minerais convenceu-me de que 32 dólares era um preço baixo a pagar pela boa saúde. Eu só fico me esquecendo deles.

Não me entenda mal. Não é tudo em minha vida que é incompleto. (Este livro está completo... bem, quase.) Mas eu confesso, nem sempre termino o que começo. E há chances de eu não estar sozinho. Existe algum projeto inacabado embaixo de seu teto? Talvez uma máquina de academia cuja função primordial até agora tenha sido segurar toalhas? Ou um curso ainda fechado de 'aprenda a fazer cerâmica você mesmo'? Que tal um deque pela metade ou uma piscina cavada pela metade ou um jardim plantado pela metade? E não vamos nem tocar no assunto de dietas e perda de peso, tudo bem?

Na verdade, minha vontade não é lhe convencer a terminar tudo. Meu desejo é encorajá-lo a terminar a coisa certa. Algumas corridas são opcionais — como barrigas de tanquinho e leitura dinâmica. Outras corridas são essenciais — como a da fé. Considere esta admoestação do autor de Hebreus: "Corramos com perseverança a corrida que nos é proposta" (Hebreus 12:1).

A corrida

Se o golfe existisse na época do Novo Testamento, tenho certeza de que os autores falariam sobre *mulligans* e *foot wedges*, mas o golfe não existia, então escreveram sobre correr. A palavra corrida vem do grego *agon*, de onde tiramos a palavra agonia. A corrida dos cristãos não é um jogging, em vez disso é extenuante, por vezes agonizante. É preciso um esforço massivo para terminar com bravura.

Você deve ter notado que muitos não terminavam? Certamente você observou que muitos estão ao lado do caminho? Eles estavam correndo. Durante um tempo, mantiveram a cadência. Mas então o cansaço se instalou. Não pensaram que a corrida seria tão dura. Ou foram desencorajados por uma lombada que apareceu ou desencorajados por um colega corredor. Seja qual for o motivo, não correm mais. Talvez sejam cristãos. Talvez frequentem a igreja. Talvez coloquem trocados na cesta e aqueçam um banco de igreja, mas seus corações não estão na corrida. Aposentaram-se antes da hora. A não ser que algo mude, o melhor trabalho deles será o primeiro, e terminarão com uma lamúria.

Ao contrário disso, o melhor trabalho de Jesus foi o trabalho final, e seu passo mais forte foi o último passo.

Nosso Mestre é o exemplo clássico daquele que resistiu. O autor de Hebreus continua dizendo que Jesus "suportou tal oposição dos pecadores contra si mesmo" (Hebreus 12:3). A Bíblia diz que Jesus "suportou", querendo dizer que Jesus poderia ter "deixado para lá". O corredor poderia ter desistido, se sentado, ido para casa. Poderia ter saído da corrida. Mas não o fez. "Ele suportou tal oposição dos pecadores contra si mesmo."

Sua própria família chamou-o de lunático. Os vizinhos o tratavam ainda pior. Quando Jesus voltou para sua cidade natal, tentaram jogá-lo do alto de uma colina (Lucas 4:29). Mas Jesus não desistiu de correr.

Tais palavras incitam uma pergunta urgente: Como? Como Jesus somos tentados. Como Jesus somos acusados. Como Jesus somos envergonhados. Mas diferente de Jesus, nós desistimos. Nós entregamos. Nós nos sentamos. Como podemos continuar correndo como Jesus fez? Como nosso coração pode ter a resistência que Jesus teve?

Focando-nos onde Jesus se focou — na "alegria que lhe fora proposta" (Hebreus 12:2).

O prêmio

Este versículo pode muito bem ser o maior testemunho já escrito sobre a glória dos céus. Nada é dito sobre ruas douradas ou asas de anjo. Nenhuma referência a músicas ou festas é feita. Mesmo a palavra *céu* não aparece no versículo. Mas embora a palavra esteja faltando, o poder não está.

Lembre-se, o céu não é um território desconhecido para Jesus. Ele é a única pessoa a viver na terra *depois* de ter vivido no céu. Como crentes, você e eu vivemos no céu depois do tempo na terra, mas Jesus fez o oposto. Conheceu o céu antes de vir para a terra. Ele sabia o que o aguardava em sua volta. E saber o que o aguardava no céu o capacitava a suportar a vergonha na terra.

"Pela alegria que lhe fora proposta, suportou a cruz, desprezando a vergonha, e assentou-se à direita do trono de Deus" (Hebreus 12:2). Em seus momentos finais, Jesus focou na alegria que Deus colocou diante dele. Focou no prêmio dos céus. E por focar no prêmio, foi capaz de não apenas terminar a corrida, mas de terminar com bravura.

Jesus levantou os olhos além do horizonte e viu a mesa. Focou na festa. E o que viu lhe deu forças para terminar — e terminar bravamente.

Tal momento nos espera. Em um mundo distraído por abdomens poderosos e leitura dinâmica, tomaremos o nosso lugar à mesa. Em um momento que não tem fim, descansaremos. Rodeados por santos e tragados pelo próprio Jesus, o trabalho irá, realmente, ser terminado. A colheita final terá sido feita, estaremos sentados, e Cristo consagrará a refeição com estas palavras: "Muito bem, servo bom e fiel" (Mateus 25:23).

E neste momento, a corrida terá valido a pena.

Que os olhos do coração de vocês
sejam iluminados, a fim de que vocês
conheçam a esperança para a qual ele os
chamou, as riquezas da gloriosa herança
dele nos santos.

Efésios 1:18

Conclusão

Por meio das páginas deste livro, procuramos o que significa ter um coração igual ao de Jesus. O mundo nunca conheceu um coração tão puro, um caráter tão perfeito. Sua audição espiritual era tão aguçada que ele nunca perdeu um sussurro celeste. Sua misericórdia era tão abundante que ele nunca perdeu a chance de perdoar. Nenhuma mentira deixou seus lábios, nenhuma distração arruinou sua visão. Ele tocou quando outros recuaram. Ele resistiu quando outros desistiram. Jesus é o modelo final para todas as pessoas. E o que nós fizemos nestas páginas é precisamente o que Deus nos convida a fazer pelo resto de nossa vida. Ele nos incita a fixar nossos olhos sobre Jesus. Os céus o convidam a voltar as lentes do seu coração para o coração do Salvador e fazê-lo a finalidade de sua vida.

Você pode pensar em algum presente melhor do que ser como Jesus? Cristo não sentiu culpa; Deus quer banir a nossa. Jesus não tinha maus hábitos; Deus quer remover os nossos. Jesus não tinha medo da morte; Deus quer que sejamos corajosos. Jesus tinha bondade com os doentes e misericórdia pelos rebeldes e coragem para os desafios. Deus quer que você tenha o mesmo.

Deus o ama do jeito que você é, mas ele se recusa a deixá-lo desse jeito. Ele quer que você seja simplesmente igual a Jesus.

Notas

Capítulo 1: Um coração igual ao de Jesus

1. Adaptado de Max Lucado, *A Gentle Thunder* (Dallas: Word Publishing, 1995), 46.
2. Fita de áudio David Jeremiah: *The God of the Impossible, TPR02.*

Capítulo 3: Ouvindo a música de Deus

1. Mateus 11:15; 13:9; 13:43; Marcos 4:9; 4:23; 8:18; Lucas 8:8; 14:35; Apocalipse 2:7,11,17, 29; 3:6,13,22; 13:9.
2. Marcos 4:1-20.

Capítulo 4: Um rosto transformado e um par de asas

1. Horatio G. Spafford, "It Is Well with My Soul".

Este livro foi composto em Diotima 12,6/16,8 e impresso pela Assahi sobre papel pólen natural 80g/m² para a Thomas Nelson Brasil em 2025.